Impressum
Verlag: BABADADA GmbH, Nedderfeld 112 , 22529 Hamburg
Geschäftsführer / Verlagsleitung: Harald Hof
Druck: Books on Demand GmbH, In de Tarpen 42, 22848 Norderstedt

Imprint
Publisher: BABADADA GmbH, Nedderfeld 112 , 22529 Hamburg, Germany
Managing Director / Publishing direction: Harald Hof
Print: Books on Demand GmbH, In de Tarpen 42, 22848 Norderstedt, Germany

1

مدرسه

ቤት-ትምህርቲ

کلاس درس
ክፍሊ ክላስ
تقسیم کردن
186/2
تخته
ሰሌዳ
ቀጽሪ ቤት-ትምህርቲ
معلم
መምህር
کاغذ
ወረቐት
نوشتن
خودکار
ميز تحرير
ጣውላ ምጽሓፍ
خط کش
መስመር
کتاب
መጽሓፍ
دانش آموز
ተመሃራይ

کیف مدرسه

ሳንጣ ትምህርቲ

جامدادی

ሰፈር ብርዒ

مداد

ርሳስ

تراش

መብልሒ ርሳስ

پاک کن

መደምሰሲ

دفتر رسم

ጥራዝ ስእሊ

2 مدرسه - ቤት-ትምህርቲ

طراحی

....

ስእሊ

قلم مو

....

ብርዒ ቀለም

جعبه ی آبرنگ

....

ቦክስ ቀለም

قیچی

....

መቐስ

چسب

....

መጣበቒ

کتاب تمرین

....

ጥራዝ መላመዲ

تکلیف خانه

....

ዕዮ ገዛ

12

رقم

....

ቁጽሪ

2+2

جمع کردن

....

ወሰኸ

تفریق کردن

....

ጎደለ

2×2

ضرب کردن

....

ረብሐ

محاسبه کردن

....

ደመረ

A

حرف الفبا

....

ፊደል

ABCDEFG
HIJKLMN
OPQRSTU
VWXYZ

الفبا

....

ስርዓት ፊደላት

hello

کلمه

....

ቃል

متن

ጽሑፍ

خواندن

ኣንበበ

گچ

ኩርሽ

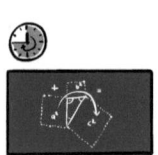

درس

ሰዓት

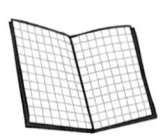

ثبت نام

መዝገብ ክላስ

امتحان

መርመራ

مدرک رسمی

ሰርቲፊከት

لباس مدرسه

ድቢዛ ቤትትምህርቲ

تحصیلات

ትምህርቲ

دانشنامه

ለክሲኮን

دانشگاه

ዩኒቨርሲቲ

میکروسکوپ

ሚክሮስኮፕ

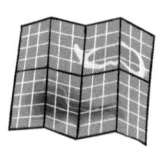

نقشه

ካርታ

سبد کاغذ باطله

ጎሓፍ ወረቐት

መገሻ

هتل
مسافرخانه
ሆስተል
ROOMS
صرافی
ቦታ ቅያር ገንዘብ
CHANGE
چمدان
اتومبیل
መኪና

زبان

ቋንቋ

بله / خیر

እወ / ኖ

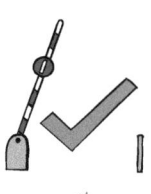

اکی

ሕራይ

سلام

ሰላም

مترجم

ኣስተርጓሚ

ممنون

የቐንየለይ

قیمت ... چه قدر است؟

. . . ክንደይ ዋግኡ?

من متوجه نمی شوم

ኣይተረድኣኹን

مشکل

ሽግር

عصر بخیر! / شب بخیر!

ሰላም ምሸት!

صبح بخیر!

ከመይ ሓዲርካ

شب بخیر!

ሰላም ለይቲ

خدانگهدار

ደሓን ኩን

جهت

ኣንፈት

بار سفر

ጉዓዝ

کیف

ሳንጣ

کوله پشتی

ሳንጣ ሕቖ

مهمان

ጋሻ

اتاق

ክፍሊ

کیسهٔ خواب

ክሻ መደቐሲ

خیمه

ቴንዳ

مرکز راهنمای گردشگران

....

ሓበሬታ በጻሕቲ ሃገር

ساحل

....

ገምገም ባሕሪ

کارت اعتباری

....

ክረዲት ካርድ

صبحانه

....

ቁርሲ

نهار

....

ምሳሕ

شام

....

ድራር

بلیط

....

ቲከት

آسانسور

....

ሊፍት

مهر

....

ማሕተም ደብዳበ

مرز

....

ዶብ

گمرک

....

ድንና

سفارتخانه

....

ኣምበሲ

ویزا

....

ቪዛ

گذرنامه

....

ፓስፖርት

حمل و نقل

መጓዓዝያ

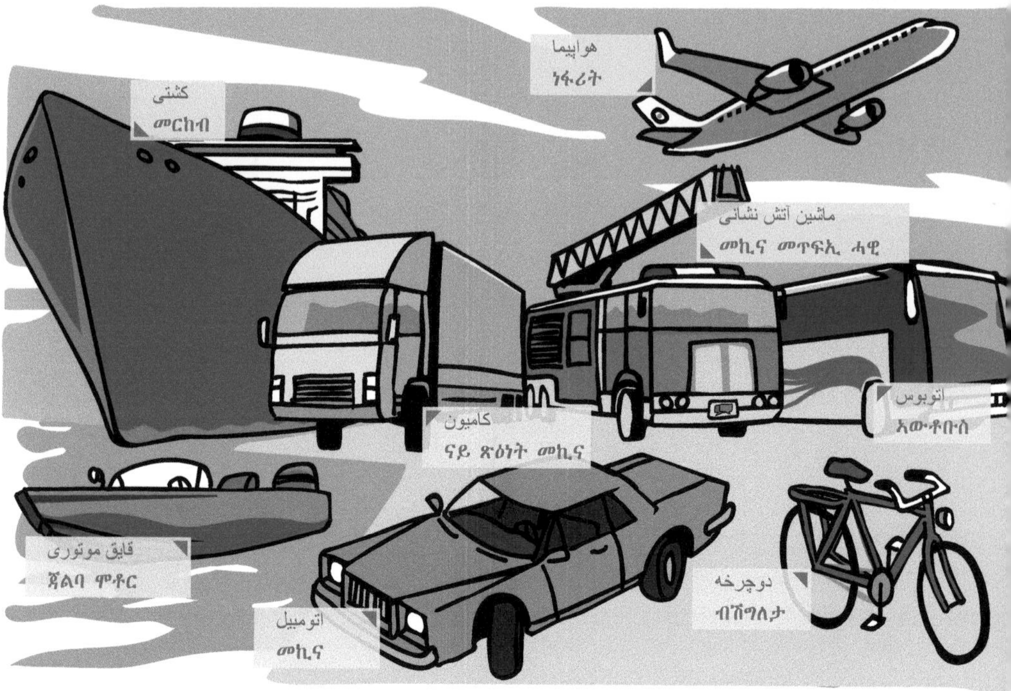
هواپیما
ነፋሪት
کشتی
መርከብ
ماشین آتش نشانی
መኪና መጥፍኢ ሓዊ
اتوبوس
ኣውቶቡስ
کامیون
ናይ ጽዕነት መኪና
قایق موتوری
ጀልባ ሞቶር
دوچرخه
ብሽግለታ
اتومبیل
መኪና

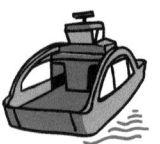

کشتی مسافربری

....

ፈሪ

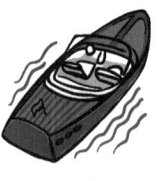

قایق

....

ጀልባ

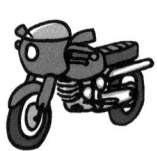

موتورسیکلت

....

ሞቶ

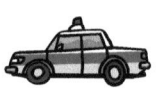

ماشین پلیس

....

መኪና ፖሊስ

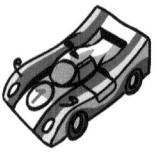

ماشین مسابقه

....

መኪና ቅድድም

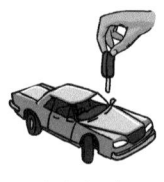

ماشین کرایه ای

....

ክራይ መኪና

به اشتراک گذاری اتوموبیل
....
ምውፋይ መካይን

جرثقیل
....
መወሰዲ መኪና

ماشین حمل زباله
....
መኪና ጎሓፍ

موتور
....
ሞቶር

بنزین
....
ነዳዲ

پمپ بنزین
....
እንዳ ነዳዲ

تابلو راهنمایی و رانندگی
....
ምልክት ትራፊክ

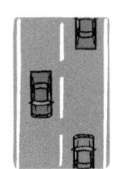

عبور و مرور
....
ትራፊክ

ترافیک
....
ምጭቕጫቕ ትራፊክ

پارکینگ
....
መዕሸጊ መኪና

ایستگاه قطار
....
መዕረፊ ባቡር

ریل راه آهن
....
ሓዲግ

قطار
....
ባቡር

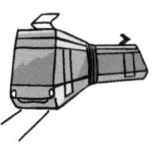

قطار برقی
....
ትረም

واگن
....
ባጎኒ

هلیکوپتر

ሄሊኮፕተር

فرودگاه

መዓረፊ ነፈርቲ

برج

ታወር

مسافر

ተጎዓዚ

کانتینر

ኮንተይነር

کارتن

ሳንዱቕ ካርቶን

گاری

ኮርሳ ጽዕነት

سبد

ዘንቢል

به پرواز درآمدن / فرود آمدن

ተበገሰ / ዓለበ

شهر

ከተማ

دهکده

ቁሸት

مرکز شهر

ማእከል ከተማ

خانه

ገዛ

CINEMA
سینما
ሲነማ
تبلیغ
چراغ خیابان
መብራህቲ ጎደና
خیابان
ጽርግያ
تاکسی
ታክሲ
دکه
ባንኮ
عابر پیاده
پیاده رو
چهارراه
خط کشی عابر پیاده
ምልክት ዘብራ
سطل آشغال بزرگ
ሰፈር ጎሓፍ
چراغ راهنما

کلبه

ኣጐዶ

آپارتمان

ኣፓርትመንት

ایستگاه قطار

መዕረፊ ባቡር

ساختمان شهرداری

ቤት ምምሕዳር

موزه

ቤተ መዘክር

مدرسه

ቤት-ትምህርቲ

دانشگاه

ዩኒቨርሲቲ

بانک

ባንክ

بیمارستان

ሆስፒታል

هتل

መቐበሊ ኣጋይሽ

داروخانه

ቤት መድሃኒት

اداره

ቤት ጽሕፈት

کتابفروشی

ዱኳን መጽሓፍቲ

مغازه

ዱኳን

گل فروشی

ዱኳን ዕንባባ

سوپرمارکت

ሱፐርማርክት

بازار

ዕዳጋ

فروشگاه بزرگ

ሹቕ

ماهی فروش

ነጋዳይ ዓሳ

مرکز خرید

ሹቕ

بندر

መርሳ

پارک

....

መዘናግዒ

نیمکت

....

ባንኪ

پل

....

ድልድል

پله

....

መደያይቦ

مترو

....

ባቡር ትሕቲ ምድሪ

تونل

....

ቢንቶ

ایستگاه اتوبوس

....

መዕረፊ ኣውቶቡስ

میخانه

....

ቤት መስተ

رستوران

....

ቤት-መግቢ

صندوق پست

....

ሰታሪት

تابلوی خیابان

....

ታቤላ

دستگاه پارکومتر

....

ሰዓት ፓርኪንግ

باغ وحش

....

መካነ እንስሳታት

استخر شنای عمومی

....

መሓምበሲ

مسجد

....

መስጊድ

مزرعه

ቤት ሕርሻ

آلودگی محیط زیست

ብክላ

قبرستان

መቃብር

کلیسا

ቤተክርስትያን

زمین بازی

ቦታ ምጽዋት

معبد

ቤት መቕደስ

چشم انداز

ስእሊ መሬት

برگ
ኣቑጽልቲ

تابلوی راهنمای مسیر
መሕበሪ መገዱ

راه
መገዱ

چمنزار
ሸኻ

راه نورد
ኰብላሊ

سنگ
እምኒ

درخت
ኣግራብ

رودخانه
ፈለግ

چمن
ሳዕሪ

گل
ዕንባባ

دره
....
ስንጭሮ

تپه
....
ጎቦ

دریاچه
....
ቀላይ

جنگل
....
ዱር

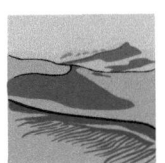

بیابان
....
ምድረ በዳ

کوه آتشفشان
....
እሳተ-ጎመራ

قلعه
....
ግምቢ

رنگین کمان
....
ቀስተ-ደመና

قارچ
....
ቃንጥሻ

درخت نخل
....
ዓርኮብኮባይ

پشه
....
ጣንጡ

مگس
....
ሃመማ

مورچه
....
ጻጸ

زنبور
....
ንህቢ

عنکبوت
....
ሳሬት

سوسک

....

ሕንዚዝ

قورباغه

....

ዕንቅርዖብ

سنجاب

....

ምጽጺላይ

جوجه تیغی

....

ቅንፍዝ

خرگوش صحرایی

....

ማንቲለ

جغد

....

ጉንጓ

پرنده

....

ጭሩ

قو

....

ስዋን

گراز

....

መፍለስ

گوزن نر

....

ዓጋዘን

گوزن شمالی

....

ሙስ

سد آب

....

ግድብ

توربین بادی

....

ተርባይን ንፋስ

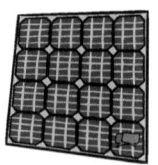

صفحه ی خورشیدی

....

ሶላር ስርሓት

آب و هوا

....

ኩነታት ኣየር

رستوران

ቤት-መግቢ

منوی غذا
ካርታ
መግብታት
صندلی
መንበር
سوپ
پیتزا
ፒትሳ
سرویس کارد و قاشق و چنگال
رومیزی
ክዳን ጣውላ

پیش‌غذا

ቅድመ ቀንዲ መግቢ

غذای اصلی

ቀንዲ መኣዲ

دسر

ድሕረ መግቢ

نوشیدنی ها

መስተ

غذا

መግቢ

بطری

ጥርሙዝ

فست فود

....

ስሉጥ መግቢ

اغذیه خیابانی

....

መግቢ ጽርግያ

قوری

....

ብርጭቆ ሻሂ

قندان

....

ታኒካ ሽኮር

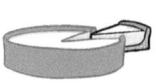

پُرس غذا

....

ክፋል

دستگاه اسپرسو

....

ማሺን ኤስፕረሶ

صندلی پایه بلند غذاخوری بچه

....

ነዊሕ መንበር

صورتحساب

....

ጸብጻብ

سینی

....

ታብለት

چاقو

....

ካራ

چنگال

....

ፋርኪታ

قاشق

....

ማንካ

قاشق چایخوری

....

ማንካ ሻሂ

دستمال سفره

....

ሰርቭየተ

لیوان

....

ብኬሪ

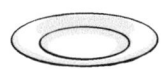

بشقاب

....

ሸሓኒ

بشقاب سوپخوری

....

ሸሓኒ መረቕ

نعلبکی

....

ትሕቲ ኩባያ

سس

....

ጸብሒ

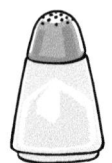

نمکدان

....

ወሃቢ ጨው

فلفل ساب

....

መጥሓን በርበረ

سرکه

....

ኣቸቶ

روغن خوراکی

....

ዘይቲ

ادویه جات

....

ቀመም

سس کچاپ

....

ከቹፕ

سس خردل

....

ኣድሪ

سس مایونز

....

ማዩኒዝ

سوپرمارکت

ሱፐርማርከት

پیشنهاد ویژه
ወፈያ
مشتری
ዓሚል
لبنیات
ፍርያታት ጸባ
میوه جات
ፍረታት
چرخ دستی خرید
ሰረገላ ዱኳን

قصابی

....

እንዳ ስጋ

نانوایی

....

እንዳ ባኒ

وزن کردن

....

ክብደት

سبزیجات

....

ኣሕምልቲ

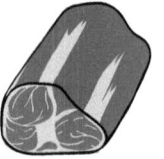

گوشت

....

ስጋ

غذای منجمد

....

መግቢ ፍሪጅ በረድ

مخلوطی از انواع کالباس یا پنیر ک
ورقه ای بریده شده باشند
....
ዝሑል ቅሩብ መግቢ

غذای کنسروی
....
እስቃጥላ

پودر لباسشویی
....
ኣሞ

شیرینی جات
....
ምቁር መግቢ

لوازم خانگی
....
ዘቤታውያን ኣቑሑ

ماده شوینده و پاک کننده
....
ናውቲ መጸረዪ

فروشنده
....
ሸቃጣይ

صندوق پرداخت
....
ካሳ

صندوقدار
....
ተሓዝ ገንዘብ

لیست خرید
....
ዝርዝር ምግዛእ

ساعات کار
....
ክፋት ሰዓታት

کیف پول
....
ማሕፉዳ

کارت اعتباری
....
ክረዲት ካርድ

کیف
....
ሳንጣ

کیسه ی پلاستیکی
....
ፌስታል

نوشیدنی ها

መስተ

آب

ማይ

آبمیوه

ጽማቕ

شیر

ጸባ

نوشابه کوکاکولا

ኮላ

شراب

ነቢት

آبجو

ቢራ

الکل

አልኮል

کاکائو

ካካው

چای

ሻሂ

قهوه

ቡን

قهوه اسپرسو

ኤስፕረሶ

کاپوچینو

ካፑቺኖ

موز

ባናና

سیب

ቱፋሕ

پرتقال

ኣራንሺ

انواع هندوانه و خربزه

ብርጭቕ

لیمو

ለሚን

هویج

ካሮት

سیر

ጻዕዳ ሽጉርቲ

نی بامبو

ባምቡስ

پیاز

ሽጉርቲ

قارچ

ቅንጥሻ

آجیل

ፉል

ماکارونی

ፓስታ

اسپاگتی
....
ስፓገቲ

برنج
....
ሩዝ

سالاد
....
ሰላጣ

سیب زمینی سرخ کرده
....
ቅልዋ ድንሽ

سیب زمینی سرخ شده
....
ቅሉው ድንሽ

پیتزا
....
ፒትሳ

همبرگر
....
ሃምቡርገር

ساندویچ
....
ፓኒኖ

شنیتسل
....
ቢስተካ

ژامبون خوک
....
ሰለፍ ሓሰማ

سالامی
....
ሳላሚ

سوسیس
....
ግዕዝም

مرغ
....
ደርሆ

نوعی گوشت سرخ شده
....
ቀለወ

ماهی
....
ዓሳ

جوی پرک شده

ገዓት

نوعی صبحانه مخلوطی از برگه ذرت و
میوه های خشک شده و خشکبار که
معمولا با شیر خورده می شود

ሙስሊ

کورنفلکس

ኮርንፍለይክስ

آرد

ሓርጭ

کرواسان

ክሮሶን

نان بروتشن

ባኒ

نان

ባኒ

نان تست

ቶስት

بیسکویت

ብሽኮቲ

کره

ጠስሚ

کشک

ርግኦ

کیک

ፓስተ

تخم مرغ

እንቋቑሖ

تخم مرغ نیمرو

ቅሉው እንቋቑሖ

پنیر

ፉርማጆ

بستنی

....

ኣይስ ክሪም

شکر

....

ሽኮር

عسل

....

መዓር

مربا

....

ጀም

کرم شکلاتی بادامی

....

ኑጋት-ክረም

ادویه کاری

....

ኩሪ

مزرعه

ቤት ሕርሻ

خانه ی مزرعه داران
انبار غله
መኽዘን
ሓሰር ቦንዳ
مزرعه
ግራት
اسب
ፈረስ
ماشین یدک کش
ተስሓቢ
تراکتور
ትራክተር
کره اسب
خر
ኣድጊ
گوسفند
በጊዕ
بره
ዕየት

بز

ጤል

گاو ماده

ብዕራይ

گوساله

ምራኽ

خوک

ሓሰማ

بچه خوک

ውላድ ሓሰማ

گاو نر

ኣርሓ

غاز

....

ዓዓ

اردک

....

ማይ ደርሆ

جوجه

....

ጫቑሒት

مرغ

....

ደርሆ

خروس

....

ኣርሓ ደርሆ

موش صحرایی

....

ኣንጨዋ ዓባይ

گربه

....

ድሙ

موش

....

ኣንጭዋ

گاو نر اخته

....

ብዕራይ

سگ

....

ከልቢ

لانه ی سگ

....

ኣጕዶ ከልቢ

شلنگ باغبانی

....

ቱባ ጀርዲን

آبپاش

....

መዝፈፊ ማይ

داس دسته بلند

....

ዓቢ ማዕጺድ

گاوآهن

....

ማሕረሻ

داس

ማዕጺድ

کج بیل

ጭኽሮ

چنگک باغبانی

መስአ

تبر

ፋስ

فرقون

ዓረብያ ኢድ

آبشخور

ጋብላ

بطری نگهداری شیر

ብርጭቆ ጸባ

کیسه

ክሻ

حصار

ሓጹር

اصطبل

መንሰስ

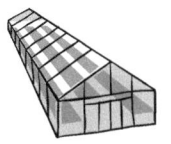

گلخانه

ቐጠልያ ገዛ

خاک

ባይታ

بذر

ዘርኢ

کود

ድዂዒ

ماشین کمباین

ዘጣምር ቀውዓይ

برداشت کردن محصول
....
ቀውዐ

محصول
....
ጻማ

تمیس
....
ድንሽ ያም

گندم
....
ስርናይ

سویا
....
ሶያ

سیب زمینی
....
ድንሽ

ذرت
....
ዕፉን

کلزا
....
ራፕስ

درخت میوه
....
ገረብ ፍረታት

گیاه مانیوک
....
ማኒኦክ

غلات
....
ኣእኻል

خانه

ገዛ

دودکش
መውጽእ ትኪ
پشت بام
ናሕሲ
ناودان
መውሓዝ ዝናብ
پنجره
መስኮት
گاراژ
ጋራጅ
زنگ در
ጭር መበሊት
در
ማዕጾ
سطل آشغال
ጎሓፍ መገለል
صندوق مراسلات
ቦክስ ደብዳበ
باغ

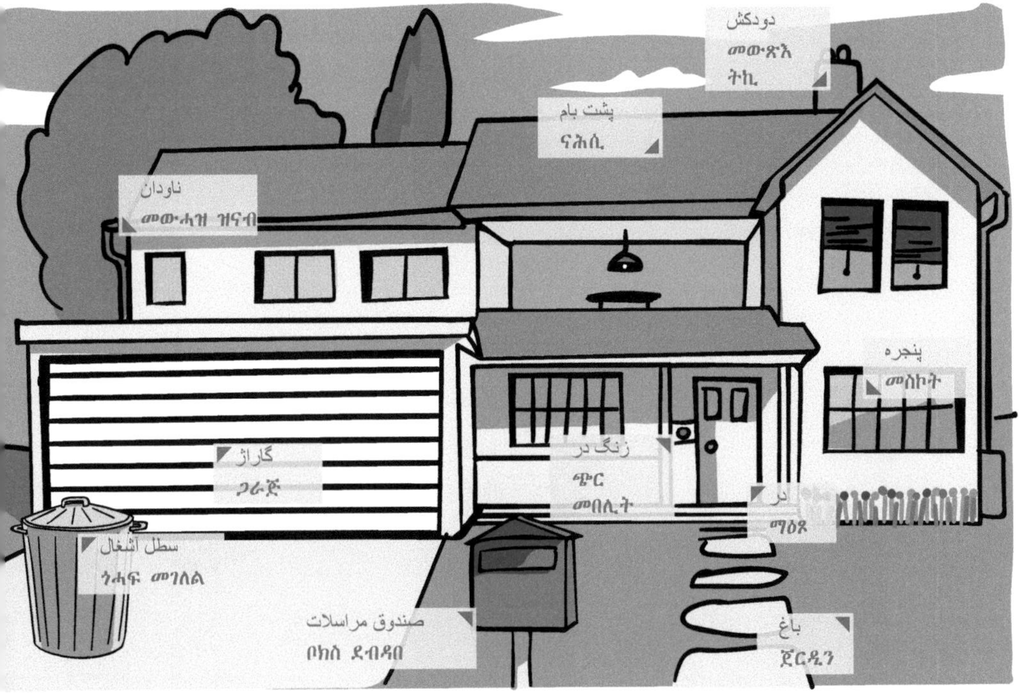

اتاق نشیمن
....
ክፍሊ ምቕማጥ

حمام
....
ክፍሊ ባንዮ

آشپزخانه
....
ክሽነ

اتاق خواب
....
ክፍሊ መደቀሲ

اتاق بچه
....
ክፍሊ ቆልዑ

ناهارخوری
....
መመገቢ ክፍሊ

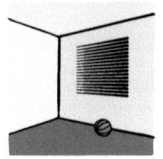

کف زمین

ባይታ

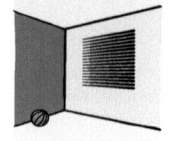

دیوار

መንደቕ

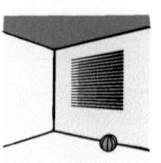

سقف

ከቦርታ

زیرزمین

ካንቲና

سونا

ሳውና

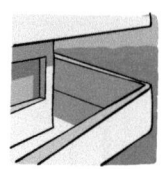

بالکن

ባልኮን

تراس

ዛላ

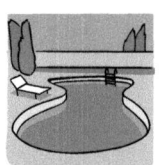

استخر

መሕምበሲ

ماشین چمن‌زنی

መቑረጺ ሳዕሪ

ملافه

ኣንሶላ ዓራት

روتختی

ከቦርታ ዓራት

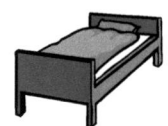

تخت خواب

ዓራት

جارو

መኾስተር

سطل

መገለል

سویچ یا کلید

መወልዒት

اتاق نشیمن

ክፍሊ ምቕማጥ

کاغذ دیواری
ወረቐት መንደቕ
عکس
ስእሊ
لامپ
ላምፓ
قفسه
ከብሒ
کابینت
ከብሒ
تلویزیون
ተለቪዥን
شومینه
መውጽኢ ትኪ ኣብ ገዛ
گل
ዕንባባ
کوسن
کاناپه
گلدان
کنترل تلویزیون و ویدئو و غیره
ሪሞት

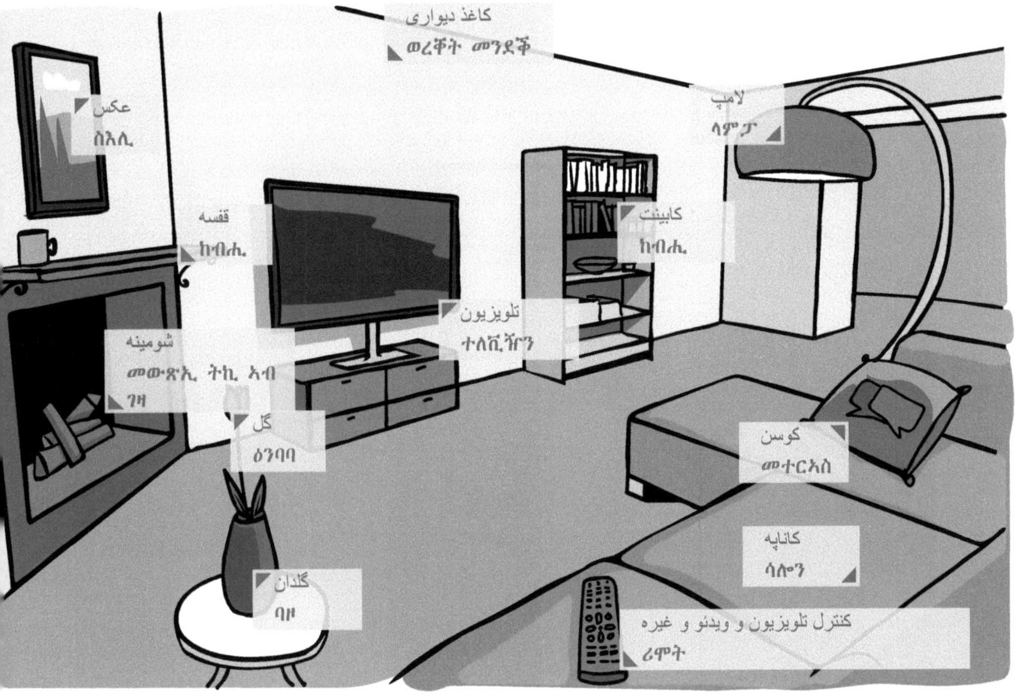

فرش

መንጸፍ

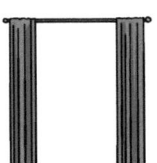

پرده

መጋረጃ

میز

ጣውላ

صندلی

መንበር

صندلی گهواره ایی

ሰለል ዝብል መንበር

صندلی راحتی

መንበር ምቹእ

کتاب

መጽሓፍ

لحاف

ከቦርታ

دکوراسیون

ስልማት

هیزم

እንጨይቲ ሓዊ

فیلم

ፊልም

دستگاه ضبط صوت

ስተረዮ

کلید

መፍትሕ

روزنامه

ጋዜጣ

تابلو نقاشی

ቕብኣ

پوستر

ፖስተር

رادیو

ሬድዮ

دفترچه یادداشت

ጥራዝ

جاروبرقی

መልገሲ ደሮና

کاکتوس

በለስ

شمع

ሽምዓ

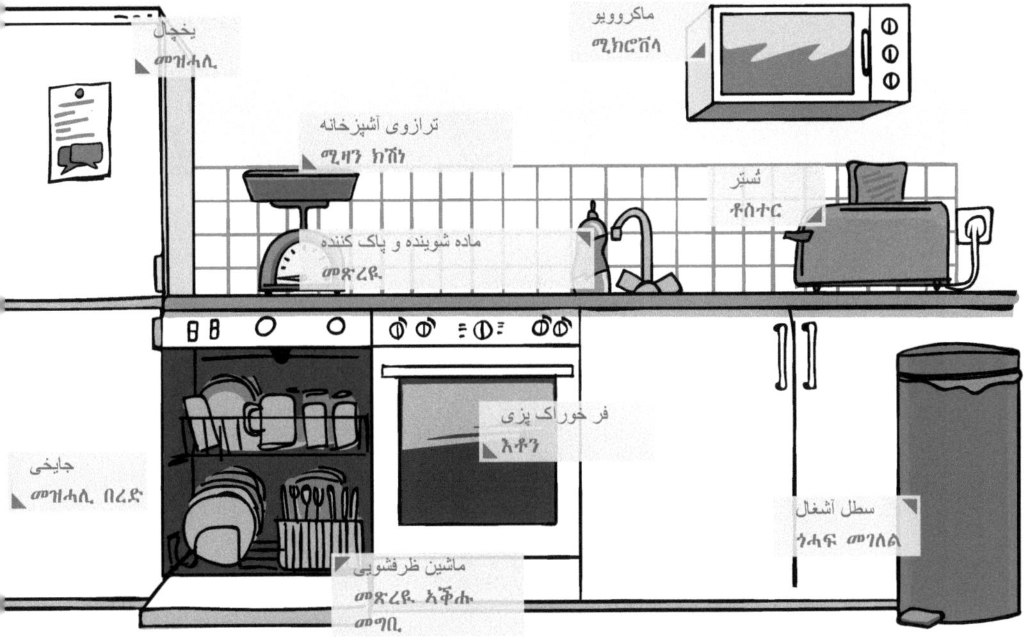

ماکروویو
ሚክሮቨላ

یخچال
መዝሓሊ

ترازوی آشپزخانه
ሚዛን ክሽነ

تُستر
ቶስተር

ماده شوینده و پاک کننده
መጽረዪ

فر خوراک پزی
እቶን

جایخی
መዝሓሊ በረድ

سطل آشغال
ጎሓፍ መገለል

ماشین ظرفشویی
መጽረዪ ኣቕሑ
መግቢ

اجاق گاز

መኽሸኒ

قابلمه

ድስቲ

قابلمه چدنی

ድስቲ ሓጺን

ماهی تابه گود

ቆኽ/ካዳይ

ماهی تابه

ባደላ

کتری

መውዓዪ ማይ

بخارپز

....

መፍልሒ

سینی فر

....

ጓንቴራ ምስንካት

ظرف چینی آشپزخانه

....

ኣቕሑ መግቢ

لیوان

....

ብርጭቆ

کاسه

....

ጭሖሎ

چاپستیک

....

ማንካቺና

ملاقه

....

ማንካ መረቕ

کفگیر

....

መገልበጢ ባደላ

همزن

....

መኾስተር ውርጪ

آبکش

....

መንፊት መግቢ

آبکش

....

መንፊት

رنده

....

መፋሕፍሒ

هاون

....

ሞርታር

باربیکیو

....

ባርቢክዩ

محل مخصوص افروختن آتش

....

ስፍራ ሓዊ

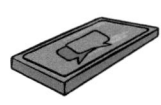

تخته گوشت و سبزی

....

እንጨይቲ ምምታር

وردنه

....

እንጨይቲ ኰረር

در بطری بازکن

....

መኸፈት ቡሽ

قوطی

....

ታኒካ

در قوطی بازکن

....

መኽፈቲ ታኒካ

دستگیره پارچه ای

....

ጨርቂ ድስቲ

سینک ظرفشویی

....

ቡምባ

برس گردگیری

....

ኣስባስላ

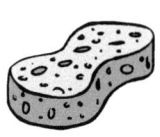

اسفنج

....

ሰፍነግ

مخلوط کن

....

ሓዋሲ ኣደባላቒ

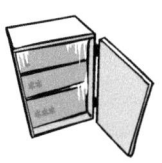

فریزر

....

መዝሓሊ በረድ

شیشه شیر بچه

....

ጥርሙዝ ማማይ

شیر آب

....

ቡምባ ማይ

حمام

ክፍሊ ባንዮ

بخاری
መውዓዪ
دوش
መሕጸቢ ሻወር
حوله
پرده ی حمام
ሻወር መጋረጃ
حمام کف
መሕጸቢ ዓፍራ
وان حمام
لیوان
ብኬሪ
ماشین لباسشویی
ሓጻቢት
شیر آب
ቡምባ ማይ
کاشی
ማቶነላ
لگن دستشویی کودکان
ድስቲ
سینک ظرفشویی
ቡምባ

توالت
ሽቓቕ

توالت ایرانی
ሽቓቕ ኮፍ

کاسه توالت
በዴ

توالت مخصوص آقایان
ሽቃቕ ተባዕታይ

دستمال توالت
ወረቐት ሽቓቕ

فرچه توالت
ኣስባስላ ሽቓቕ

مسواک
....
ኣስባስላ ስኒ

خمیردندان
....
ክረማ ስኒ

نخ دندان
....
ሃሪ ስኒ

شستن
....
ሓጸበ

دوش آب تلفنی
....
ዱሽ ኢድ

شلنگ توالت
....
ዱሽ

لگن روشویی
....
ብርጭቆ ምሕጻብ

برس شست و شوی پشت
....
ኣስባስላ ሕቖ

صابون
....
ሳምና

شامپو بدن
....
ሻወር ጀል

شامپو
....
ሻምፑ

لیف حمام
....
ጨርቂ መሕጸቢ

راه آب
....
መውሓዚ

کرم
....
ክረማ

اسپری دئودورانت
....
ደዮ ጨና

آیینه

መስትያት

آیینه ی کوچک دستی

ናይ ኢድ መስትያት

تیغ ریش تراشی

መላጸ

کف ریش‌تراشی

ዓፍራ ምልጻይ

افترشیو

ጨና ድሕሪ ምልጻይ

شانه ی سر

መመሸጥ

برس

ኣስባስላ

سشوار

መንቐጺ ጸጉሪ

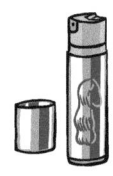

اسپری مو

ስፕረይ ጸጉሪ

آرایش

መመላኽዒ

رژلب

ብርዒ ቀለም ከንፈር

لاک ناخن

ኣዝማልቶ

پنبه

ጸምሪ ጡጥ

قیچی ناخن

መስደዲ ጽፍሪ

عطر

ጨና

کیف لوازم آرایشی و بهداشتی
....
ሳንጣ መሕጸቢ.

چهارپایه
....
ድኳ

ترازو
....
ሚዛን

حوله ی پالتویی
....
ክዳን መሕጸቢ.

دستکش ظرفشویی
....
ጓንቲ መጽረዪ.

تامپون
....
ታምፖን

نوار بهداشتی
....
ጨርቂ ሰበይቲ

توالت سیار
....
ሽቓቕ ከሚስትሪ

اتاق بچه

ክፍሊ ቆልዑ

ساعت زنگدار
ኣላርም መተስኢ
نوعی عروسک نرم به شکل حیوانات
መጻወቲ እንስሳ
ماشین اسباب بازی
መጻወቲ መኪና
جغجغه
خانه ی عروسکی
ቤት ባምቡላ
کادو
ህያብ

بادکنک

ባላንችና

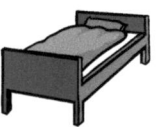

تخت خواب

ዓራት

کالسکه بچه

ሰረገላ ህጻን

بازی ورق

ጸወታ ካርታ

پازل

ሕንቅሊተይ

داستان مصور

ኮሚዲ

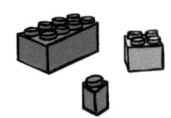

اسباب بازی لگو

እምንታት መጻወቲ ለጎ

خانه سازی

መጻወቲ እምንታት

عروسک شخصیت های فیلم و کارتون

በዓል አክቸን

لباس نوزاد

ክዳን ማማይ

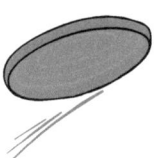

فریزبی

ፍሪስቢ

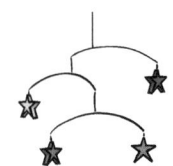

نوعی اسباب بازی که روی تخت نوزاد یا کودک نصب می شود

ሞባይል ማማይ

بازی روی صفحه

ጸወታ ሰሌዳ

تاس

ኩቦ

قطار اسباب بازی

ሞደል ባቡር ምድሪ

پستانک

ዓባስ

مهمانی

ፓርቲ

کتاب مصور

መጽሓፍ ስእሊ

توپ

ኩዕሶ

عروسک

ባምቡላ

بازی کردن

ተጻወተ

اسباب بازی

መጻወቲታት

تاب

ሰላል

جعبه شنی مخصوص بازی کودکان

መጻወቲ ሑጻ

خرس عروسکی

ተዲ

سه چرخه

መጻወቲ ሰለስተ መንኮርኮር

کنسول بازی های کامپیوتری

ኮንሶል ቪድዮ

کمد لباس

ከብሒ ክዳን

لباس

ክዳን

جوراب شلواری

ስረ ካልሲ

جوراب زنانه ساق بلند

ነዊሕ ካልስታት

جوراب

ካልስታት

شال
ሻርባ

چتر
ጃንጥላ

تی شرت
ማሊያ

کمربند
ቀበቶ

کفش ورزشی کتانی
ስኒከርስ

پوتین
ቦት

دمپایی
ሜማ ገዉ

صندل
ሳንዳል
....
ፀበጥ

کفش
ጫማ
....
ጫማ

چکمه پلاستیکی
ፕላስቲክ ጫማ
....
ረፋስ ነጋ

شرت
ሙታንታ
....
ሙታንታ

سوتین
ክዳን ጡብ
....
ክዳን ጡብ

جلیقه
ትሕተ ካሚቻ
....
ትሕተ ካሚቻ

بادی

....

ቦዲ

شلوار

....

ስረ

جین

....

ጂንስ

دامن

....

ቀምሽ

بلوز

....

ካምቻ

پیراهن

....

ካሚቻ

پولیور

....

ጉልፎ

سویی شرت

....

ጎልፎ

نوعی کت

....

ጃኬት

ژاکت

....

ጃከት

کت بلند

....

ጁባ

بارانی

....

ክዳን ዝናብ

لباس نمایش

....

ኮስቱም

لباس

....

ቀምሽ

لباس عروس

....

ቀምሽ መርዓ

کت و شلوار
....
ልብሲ

لباس خواب زنانه
....
ካሚቻ ለይቲ

پیژامه
....
ክዳን ለይቲ

ساری
....
ሳሪ

روسری
....
መሃረብ ርእሲ

عمامه
....
ቱርባን

برقع
....
ቡርካ

قبا
....
ካፍታን

عبا
....
ኣባያ

لباس شنا
....
ክዳን መሕምበሲ

شرت شنا
....
ስረ መሕምበሲ

شلوارک
....
ሓጺር ስረ

لباس ورزشی
....
ክዳን ታዕሊም

پیشبند
....
በጃ ክዳን

دستکش
....
ጓንቲ

دکمه

መልጎም

عینک

መነጽር

دستبند

በንናጅር

گردنبند

ማዕተብ

انگشتر

ቀለበት

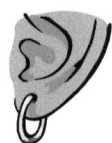

گوشواره

ኩትሻ

کلاه لبه دار

ቆብዕ

چوب لباسی

መንበሪ ጁባ

کلاه

ባርነጣ

کراوات

ካርራቫት

زیپ

ሻርነጣ

کلاه ایمنی

ሀልመት

بند شلوار

መድልደል ስረ

لباس مدرسه

ድቢዛ ቤትትምህርቲ

لباس فرم

ድቢዛ

48 لباس - ክዳን

پیش بند بچه

ሰደርያ ቆልዓ

پستانک

ዓባስ

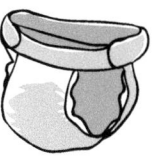

پوشک بچه

ጨርቂ ማማይ

اداره

ቤት ጽሕፈት

لیوان قهوه

ብርጭቆ ቡን

ماشین حساب

ካልኩለተር

اینترنت

ኢንተርነት

لپ تاپ

ለፕቶፕ

نامه

ደብዳበ

پیغام

መልእኽቲ

تلفن همراه

ሞባይል

شبکه ی ارتباطی

ነትወርክ/መርበብ

دستگاه فتوکپی

መቕድሒ ፎቶኮፒ

نرم افزار

ሶፍትዌር

تلفن

ተለፎን

پریز

ሶከት ኳረንቲ

دستگاه فاکس

ፋክስ

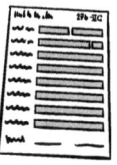

فرم

ፎርም

مدرک

ሰነድ

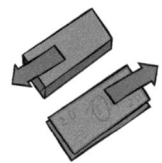

ቍጠባ

تجارت کردن

ንግዲ

پرداخت کردن

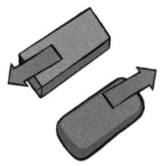

ክፈለ

خریدن

ገዝአ

یورو

ኦይሮ

دلار

ዶላር

پول

ገንዘብ

فرانک سوئیس

ስዊዝ ፍራንክን

روبل

ሩብል

ین

የን

دستگاه خودپرداز

መውጽኢ ማሺን ገንዘብ

روپیه

ሩፒየ

یوان رنمینبی

ረንሚንቢ ዩዋን

صرافی

ቦታ ቅያር ገንዘብ

طلا

ወርቂ

نقره

ብሩር

نفت

ዘይቲ

انرژی

ሓይሊ

قیمت

ዋጋ

قرارداد

ውዕል

مالیات

ቀረጽ

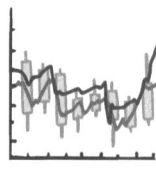

سهام سرمایه

እኩብ ጥረ-ነገራት

کار کردن

ሰርሐ

کارمند

ሰራሕተኛ

کارفرما

ኣሰራሒ

کارخانه

ትካል

مغازه

ዱኳን

مشاغل

ሞያታት

مامور پلیس
በዓል ፖሊስ
آتش نشان
آشپز
ከሻኒ
دکتر
ሓኪም
خلبان
መራሒ ነፋሪት

باغبان

....

ሰራሕተኛ ጀርዲን

نجار

....

ጸራቢ ዕንጸይቲ

خیاط زنانه

....

ሰፋይት

قاضی

....

ፈራዳይ

شیمیدان

....

ቀማሚ

بازیگر

....

ተዋሳኢ

راننده اتوبوس

መራሒ ኣዉቶቡስ

راننده تاکسی

ኣውቲስታ ታክሲ

ماهیگیر

ገፋፊ ዓሳ

نظافتچی زن

ጸራጊት

سقف ساز

ሃናጻይ ናሕሲ

پیشخدمت رستوران

ኣሰላፊ

شکارچی

ሃዳናይ

نقاش

ሰኣላይ

نانوا

እንዳ ሕብስቲ

برقکار

ኤለትሪከኛ

کارگر ساختمانی

ሃናጺ ኣባይቲ

مهندس

ሃንዳሲ

قصاب

ሰራሕተኛ እንዳ ስጋ

لوله کش

ድራብሊኮ

پستچی

ኣማላላሲ ፖስጣ

54 مشاغل - ሞያታት

سرباز

ወተሃደር

معمار

መሃንድስ

صندوقدار

ተሓዚ ገንዘብ

گل فروش

ሰራሕተኛ ዕምባባ

آرایشگر

ቀምቃማይ

مامور کنترل بلیط در قطار

ፊተሪኖ

مکانیک

መካኒክ

ناخدا

መራሒ መርከብ

دندانپزشک

ሓኪም ስኒ

دانشمند

ተመራማሪ

عالم یهودی

ራቢ

امام

ኢማም

راهب

ፈላሲ

کشیش

ቀሺ

ابزارآلات

ናውቲ

چکش
انبردست
ጉጤት
پیچ گوشتی
ዘዋር መስኒ
آچار
መፋትሕ
چراغ قوه

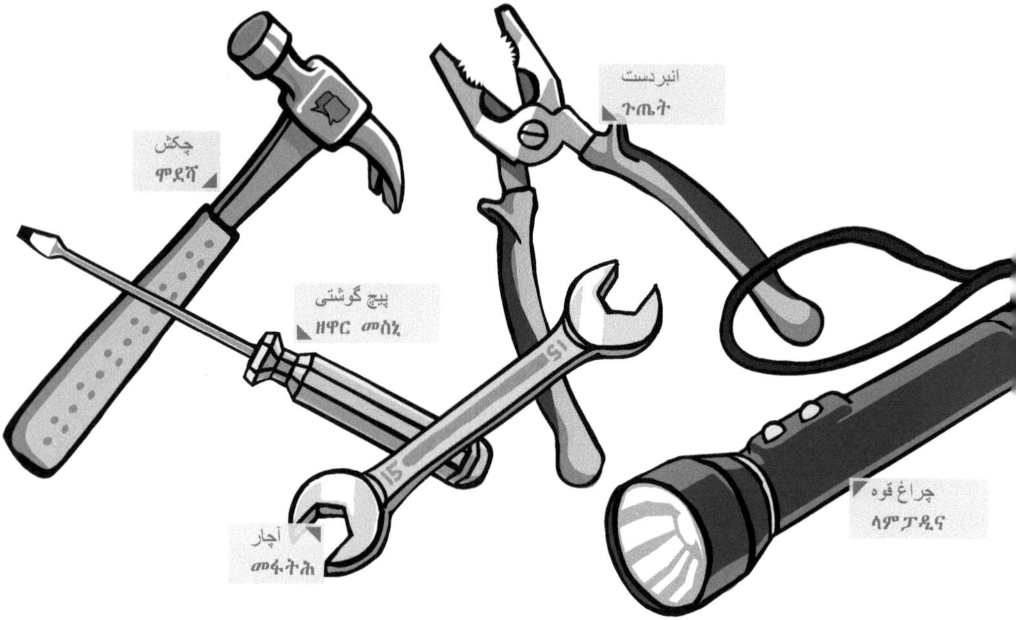

بیل مکانیکی

ፈሓሪ

جعبه ابزار

ናውቲ ቦክስ

نردبان

መደያይቦ

ارّه

መጋዝ

میخ

መስማር

مته

ኰዓቲ

تعمیر کردن

ምዕራይ

بیل

ባደላ

لعنتی!

ኣይ!

خاک انداز

መትሓዚ ዶሮና

سطل رنگرزی

ድስቲ ቀለም

پیچ

ካቻቢ.ተ

آلات موسیقی

መሳርሒ ሙዚቃ

بلندگو
እስፒከር
درامز
ከበሮታት
گیتار
ጊታር
کنترباس
ረጕድ ዓባይ ጊታር
ترومپت
ትሮምፐት

پیانو
....
ፒያኖ

ویولن
....
ቪዮሊን

گیتار بیس
....
ባስ ጊታር

تیمپانی
....
ቲምንኢ

طبل
....
ከበሮ

کیبورد الکتریک
....
ኦርጋን

ساکسیفون
....
ሳክሶፎን

فلوت
....
ሻምብቆ

میکروفون
....
ሚክሮፎን

باغ وحش

መካነ እንስሳታት

ورودی
መእተዊ
ببر
قفس
گورخر
ኣድጊ በረኻ
خوراک حیوانات
መግቢ እንስሳ
خرس پاندا
ፓንዳ

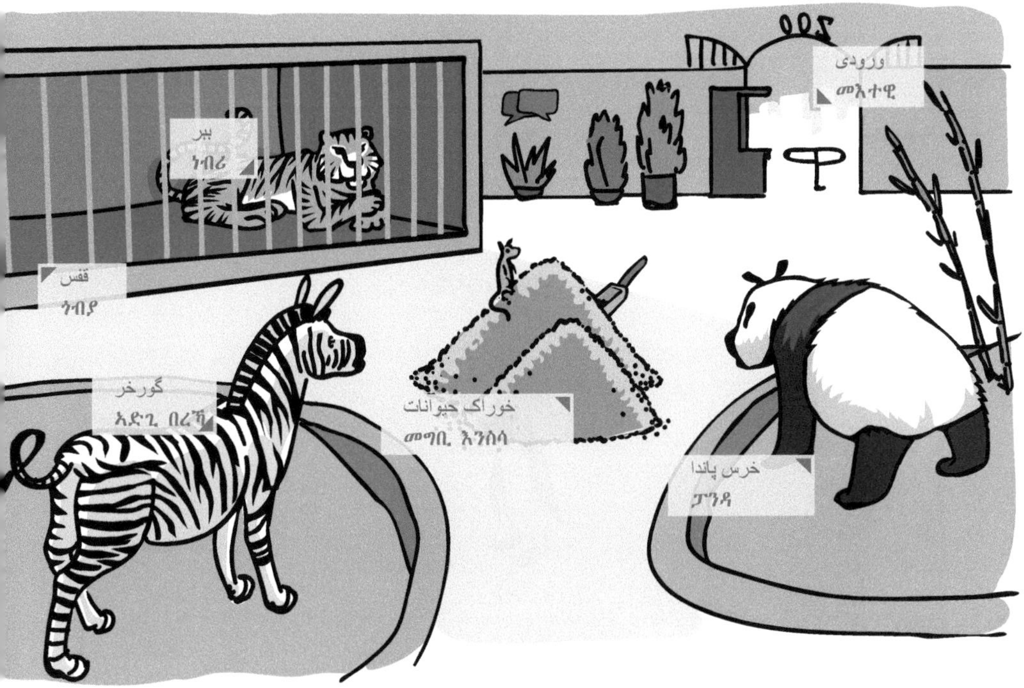

حیوانات

እንስሳታት

فیل

ሓርማዝ

کانگورو

ካንጋሩ

کرگدن

ሓሪሽ

گوریل

ጉሪላ

خرس

ድቢ

شتر

ገመል

شترمرغ

ሰገን

شیر

ኣንበሳ

میمون

ህበይ

فلامینگو

ፍላሚንጎ

طوطی

ሕንጻይ

خرس قطبی

ድቢ በረድ

پنگوئن

ፐንጉን

کوسه

ከልቢ ዓሳ

طاووس

ጣውስ

مار

ተመን

تمساح

ሓርገጽ

نگهبان باغ وحش

ሓላዊ ቤት ገርድሽ

خوک آبی

ዓሳ ዚምገብ እንስሳ ባሕሪ

پلنگ امریکایی

ጃጓር

اسب کوچک

....

ሓጺር ፈረስ

پلنگ

....

ነብሪ

اسب آبی

....

ጉማረ

زرافه

....

ጂራፍ

عقاب

....

ሊላ

گراز

....

መፍለስ

ماهی

....

ዓሳ

لاک پشت

....

ጎብየ

شیرماهی

....

ዋልሩስ

روباه

....

ወኻርያ

غزال

....

ሰስሓ

ورزش ها

ስፖርት

فوتبال آمریکایی
ናይ ኣሜሪካ ኩዕሶ እግሪ
دوچرخه سواری
ምዝዋር ብሽግለታ
تنیس
ተኒስ
بسکتبال
ባስከትባል
شنا
ምሕምባስ
هاکی روی یخ
ሆኪ በረድ
بوکس
ቦክሲንግ

فوتبال

ኩዕሶ እግሪ

بدمینتون

ባድሚንቶን

دوومیدانی

እስፖርታዊ ንጥፈታት

هندبال

ኩዕሶ ኢድ

اسکی

ስኪ

پولو

ፖሎ

فعالیت ها

ንጥፈታት

پریدن
ነጠረ
بغل کردن
ሓቖፈ
خندیدن
راه رفتن
ከደ
آواز خواندن
ደረፈ
دعا کردن
ጸለየ
بوسیدن
ሰዓመ
رؤیا دیدن
ሓለመ

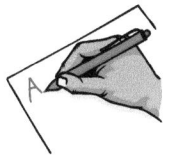

نوشتن

ጸሓፈ

رسم کردن

ሰኣለ

نشان دادن

ኣርኣየ

هل دادن

ደፍአ

دادن

ሃበ

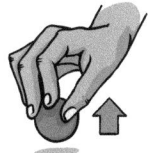

برداشتن

ወሰደ

داشتن

ኣለወ

انجام دادن

ገበረ

بودن

ኮነ

ایستادن

ጠጠው በለ

دویدن

ጎየየ

کشیدن

ሰሓበ

پرتاب کردن

ሰንደወ

افتادن

ወደቐ

دراز کشیدن

ሓሰወ

منتظر بودن

ተጸበየ

حمل کردن

ሰከም

نشستن

ኮፍ በለ

لباس پوشیدن

ተኸድነ

خوابیدن

ደቀሰ

بیدار شدن

ተስአ

تماشا کردن

ረኣየ

گریه کردن

በኸየ

نوازش کردن

ብኣጻብዑ ደረዘ

شانه کردن

መሸጠ

حرف زدن

ተዛረበ

فهمیدن

ተረድአ

پرسیدن

ሓተተ

شنیدن

ሰምዐ

آشامیدن

ሰተየ

خوردن

በልዐ

مرتب کردن

ኣቐመጠ

عاشق بودن

ኣፍቀረ

پختن

ከሸነ

رانندگی کردن

ዘወረ

پرواز کردن

ነፈረ

قایقرانی کردن

ብመርከብ ገየሸ

محاسبه کردن

ደመረ

خواندن

ኣንበበ

یاد گرفتن

ተመሃረ

کار کردن

ሰርሐ

ازدواج کردن

መርዓወ

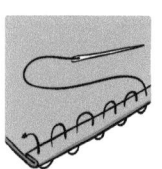

دوختن

ሰፈየ

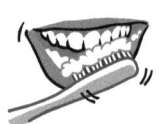

مسواک زدن

ጽሬት ኣስናን

کشتن

ቀተለ

سیگار کشیدن

ሽጋራ ተከኸ

فرستادن

ሰደደ

خانواده

ስድራቤት

مادربزرگ
پدربزرگ
ኣቦሓጎ
پدر
ኣቦ
مادر
ኣደ
کودک
فرزند دختر
ጓል
فرزند پسر
ወዲ

مهمان

....

ጋሻ

خاله، عمه

....

ሓትኖ

دایی، عمو

....

ኣኮ

برادر

....

ሓው

خواهر

....

ሓፍቲ

ኣካላት

پیشانی
ግንባር
چشم
ዓይኒ
صورت
ገጽ
چانه
መንከስ
انگشت دست
ኣጻብዕ
دست
ኢድ
سینه
ኣፍ-ልቢ
بازو
ምናት
شانه
መንኩብ
ساق پا
ሸፋን እግሪ

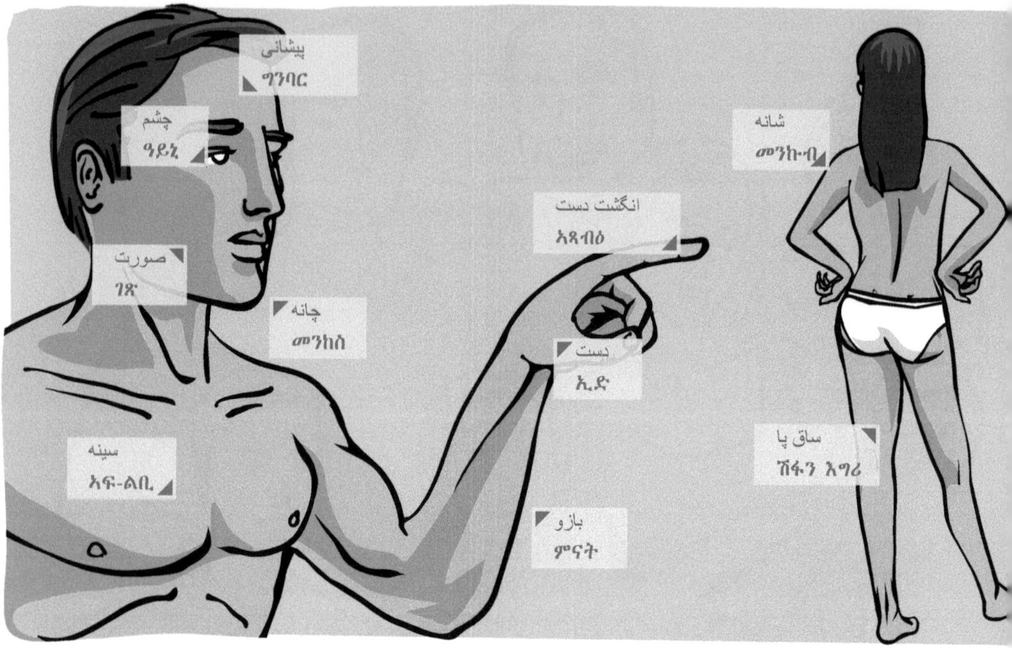

کودک

ማማይ

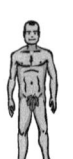

مرد

ሰብኣይ

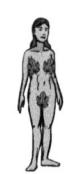

زن

ሰበይቲ

دختربچه

ጓል

پسربچه

ወዲ

کله

ርእሲ

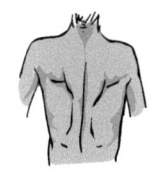

کمر

ሕቖ

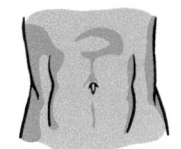

شکم

ከስዐ

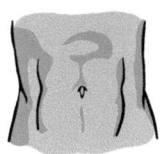

ناف

ሕምብርቲ

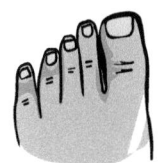

انگشت پا

ኣጻብዕ እግሪ

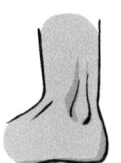

پاشنه

ኩርኽሪ

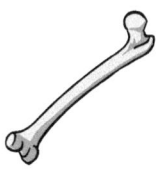

استخوان

ዓጽሚ

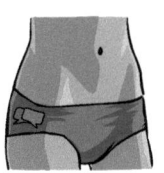

لگن

ምሕኩልቲ

زانو

ብርኪ

آرنج

ፎግፎጎ

بینی

ኣፍንጫ

نشیمنگاه

መዓኮር

پوست

ቆርበት

گونه

ምዕጉርቲ

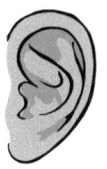

گوش

እዝኒ

لب

ከንፈር

دهان

ኣፍ

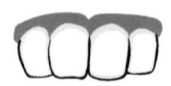

دندان

ስኒ

زبان

መልሓስ

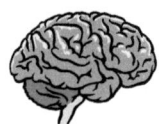

مغز

ሓንጎል

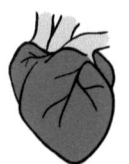

قلب

ልቢ

عضله

ጭዋዳ

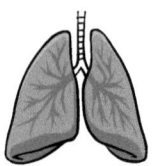

ریه

ሳንቡእ

کبد

ጸላም ከብዲ

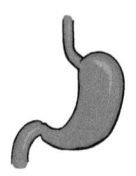

معده

ከብዲ

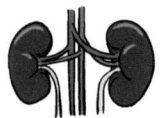

کلیه

ኵሊት

آمیزش جنسی

ግብረ ስጋ

کاندوم

ኮንዶም

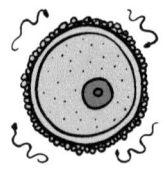

تخمک

እንቋቝሖ

اسپرم

ዘርኢ ተባዕታይ

حاملگی

ጥንሲ

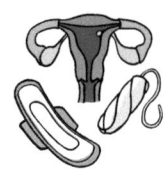

پریود

ጽግያት

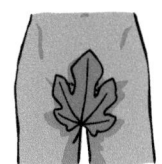

واژن

ርሕሚ

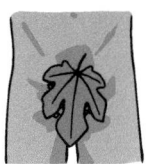

آلت تناسلی مرد

መትሎ

ابرو

ሽፋሽፍቲ

مو

ጸግሪ

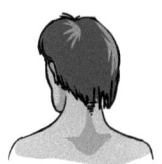

گردن

ክሳድ

بیمارستان

ሆስፒታል

آمبولانس
መኪና ኣምቡላንስ
صندلی چرخ دار
መንበር ዓረብያ
شکستگی
ስባር

دکتر

ሓኪም

بخش اورژانس

ክፍሊ ህጹጽ ረድኤት

پرستار

ኣላይት

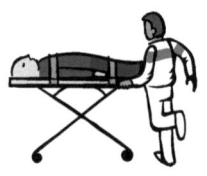

موقعیت اضطراری

ህጹጽ ኩነት

بی هوش

ውነኡ ዘጥፍአ

درد

ቃንዛ

مصدومیت

ጉድኣት

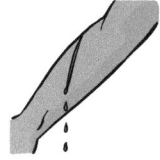

خونریزی

ደም

سکته قلبی

ማህረምቲ

سکته مغزی

ማህረምቲ

آلرژی

ኣለርጂ

سرفه

ሰዓል

تب

ረስኒ

آنفولانزا

ኢንፍልወንዛ

اسهال

ውጽኣት

سردرد

ቃንዛ ርእሲ

سرطان

መንሽሮ

دیابت

ሹኮርያ

جراح

ሓኪም መጥባሕቲ

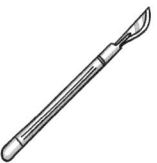

چاقوی جراحی

መጥባሒ

عمل جراحی

መጥባሕቲ

سی تی اسکن

CT

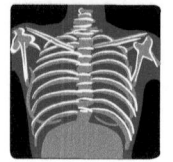

پرتونگاری

ራጂ

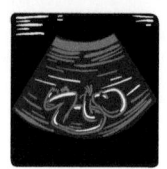

سونوگرافی

ልዕለ ድምጻዊ

ماسک صورت

መሸፈኒ ገጽ

بیماری

ሕማም

اتاق انتظار

ክፍሊ ምጽባይ

چوب زیر بغل

ምርኩስ

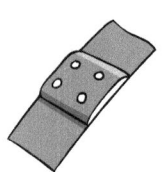

چسب زخم

መጀነኒ ቁስሊ

پانسمان

መጀነኒ

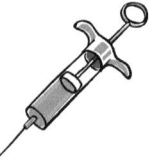

تزریق

መርፍዕ ምውጋእ

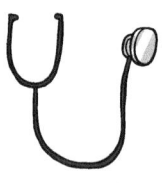

گوشی طبی

ስተቶስኮፕ

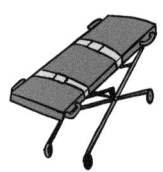

برانکار

መሰከሚ ሕማም

دماسنج

ቴርሞመተር

زایش

ትውልዲ

اضافه وزن

ልዕለ-ሚዛን

سمعک

ሓገዝ ምስማዕ

ماده ضد غفونی کننده

ኣንጻሂ

عفونت

ልበዳ

ویروس

ቫይረስ

اچ آی وی / ایدز

ኤድስ

دارو

ሕክምና

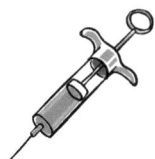

واکسیناسیون

ክታበ

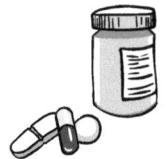

قرص

ከኒና

قرص ضد حاملگی

ከኒና

تماس اظطراری

ህጹጽ ምድዋል

دستگاه اندازه گیری فشارخون

መዕቀኒ ጸቕጢ ደም

مریض / سالم

ሕሙም / ጥዑይ

موقعیت اضطراری

ህጹጽ ኩነት

کمک!

ሓገዝ

آژیر خطر

ኣላርም

حمله

ምህጃም

حمله ی فیزیکی

መጥቃዕቲ

خطر

ድንገት

خروج اظطراری

ህጹጽ መውጽኢ

آتش

ሓዊ!

کپسول آتش‌نشانی

መጥፍኢ ሓዊ

تصادف

ሓደጋ

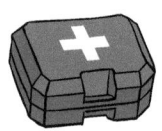

جعبه کمک های اولیه

ሳንጣ ቀዳማይ ረድኤት

درخواست کمک

SOS

پلیس

ፖሊስ

کره زمین

ምድሪ

آمریکای جنوبی

....

ደቡብ ኣመሪካ

آمریکای شمالی

....

ሰሜን ኣመሪካ

اروپا

....

ኤውሮጳ

استرالیا

....

ኣውስትራልያ

آسیا

....

ኤስያ

آفریقا

....

ኣፍሪቃ

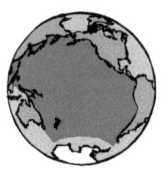

اقیانوس هند

....

ህንዳዊ ውቅያኖስ

اقیانوس آرام

....

ፓሲፊክ

اقیا نوس اطلس

....

ኣትላንቲክ

قطب شمال

....

ሰሜናዊ ዋልታ

اقیانوس منجمد شمالی

....

ኣርክቲካዊ ውቅያኖስ

اقیا نوس اطلس جنوبی

....

ኣንታርቲካዊ ውቅያኖስ

کره زمین

ምድሪ

قاره قطب جنوب

ኣንታርቲካ

قطب جنوب

ደቡባዊ ዋልታ

جزیره

ደሴት

دریا

ባሕሪ

سرزمین

መሬት

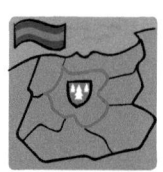

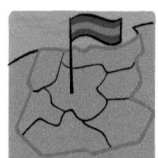

کشور

ዓዲ

ملت

ሃገር

ساعت

ሰዓት

صفحه ی ساعت

ገጽ ሰዓት

ساعت شمار

ኣመልካቲ ሰዓታት

دقیقه شمار

ኣመልካቲ ደቓይቕ

ثانیه شمار

ኣመልካቲ ካልኢት

ساعت چند است؟

ሰዓት ክንደይ ኣሎ?

روز

መዓልቲ

زمان

ግዜ

اکنون

ሕጂ

ساعت دیجیتال

ዲጂታል ሰዓት

دقیقه

ደቒቕ

ساعت

ሰዓት

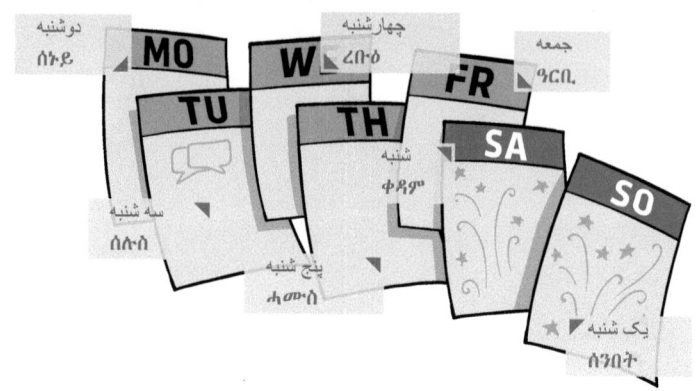

هفته

ሰሙን

دوشنبه
ሰኑይ

سه شنبه
ሰሉስ

چهارشنبه
ረቡዕ

پنج شنبه
ሓሙስ

جمعه
ዓርቢ

شنبه
ቀዳም

یک شنبه
ሰንበት

دیروز
....
ትማሊ

امروز
....
ሎሚ

فردا
....
ጽባሕ

صبح
....
ንጉሆ

ظهر
....
ቀትሪ

غروب
....
ምሸት

روزهای کاری
....
መዓልታት ስራሕ

آخر هفته
....
መወዳእታ ሰሙን

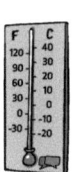

باران
ዝናብ
رنگین کمان
ቀስተ-ደመና
باد
ንፋስ
برف
بهار
تابستان
ሓጋይ
پاییز
ቀውዒ
زمستان
ክረምቲ

4.APRIL 11°
5.APRIL 4°
6.APRIL 13°
7.APRIL 8°
8.APRIL 10°

پیش‌بینی اوضاع جوی
....
ትንቢት ኩነታት ኣየር

دماسنج
....
ቴርሞመተር

تابش آفتاب
....
ብርሃን ጸሓይ

ابر
....
ደበና

مِه
....
ግመ

رطوبت هوا
....
ጠሊ

صاعقه

....

ብርቂ

آسمان غره

....

ነጎዳ

طوفان

....

ህቦብላ

تگرگ

....

በረድ

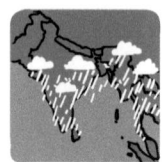

باد موسمی

....

ብርቱዕ ህቦብላ

سیل

....

ውሕጅ

یخ

....

በረድ

ژانویه

....

ጥሪ

فوریه

....

ለካቲት

مارس

....

መጋቢት

آوریل

....

ሚያዝያ

مه

....

ጉንበት

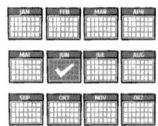

ژوئن

....

ሰነ

ژوئیه

....

ሓምለ

آگوست

....

ነሓሰ

82

سال - ዓመት

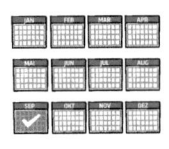

سپتامبر

መስከረም

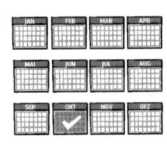

اُکتبر

ጥቅምቲ

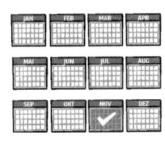

نوامبر

ሕዳር

دسامبر

ታሕሳስ

اَشکال

ቅርጽታት

دایره

ዙርያ

مربع

ትርብዒት

مستطیل

ቅኑዕ ርቡዕ ኲርናዕ

سه گوش

ስሉስ ኩርናዕ

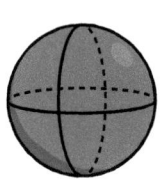

کُره

ክቢ

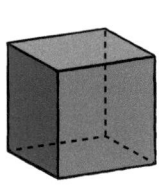

مکعب مربع

ኩቦ

رنگ ها

ሕብርታት

سفید

ጻዕዳ

زرد

ብጫ

نارنجی

ኣራንሺ

صورتی

ፒንክ

قرمز

ቀይሕ

بنفش

ጁኽ

آبی

ሰማያዊ

سبز

ቀጠልያ

قهوه ای

ቡናዊ

خاکستری

ሓሙኽሽታይ

سیاه

ጸሊም

متضاد ها

ኣንጻራት

خیلی / کم

ብዙሕ / ውሑድ

خشمگین/ آرام

ሕሩቕ / ሰላማዊ

زیبا / زشت

ጽቡቕ / ክፉእ

شروع / پایان

መጀመርያ / መወዳእታ

بزرگ / کوچک

ዓቢ / ንእሽቶ

روشن / تیره

ብሩህ / ጸልማት

برادر / خواهر

ሓው / ሓፍቲ

تمیز / آلوده

ጽሩይ / ርሳሕ

کامل / ناقص

ምሉእ / ዘይምሉእ

روز / شب

መዓልቲ / ለይቲ

مرده / زنده

ሙዉት / ህልው

پهن / باریک

ሰፊሕ / ጸቢብ

قابل خوردن / غیر قابل خوردن

ደስ ዘበል / ደስ ዘይብል

غضبناک / مهربان

እኩይ / ህያዋይ

هیجان زده / بی حوصله

ርቡጽ / ስልኩይ

چاق / لاغر

ረጊድ / ቀጢን

اولین / آخرین

ቀዳማይ / ናይ መወዳእታ

دوست / دشمن

ዓርኪ / ጸላኢ

پر / خالی

ምሉእ / ባዶ

سفت / نرم

ተሪር / ልስሉስ

سنگین / سبک

ከቢድ / ፈኩስ

گرسنگی / تشنگی

ጥምየት / ጽምየት

مریض / سالم

ሕሙም / ጥዑይ

غیرقانونی / قانونی

ዘይሕጋዊ / ሕጋዊ

باهوش / خنگ

መስተውዓሊ / ስዲ

چپ / راست

ጸጋም / የማን

نزدیک / دور

ቐረባ / ርሑቕ

نو / استفاده شده
....
ሓዲሽ / ብሉይ

هیچ چیز / چیزی
....
ዋላ ሓደ / ገለ

پیر / جوان
....
ዓቢ/ኣረጊት / መንእሰይ

روشن / خاموش
....
ወልዐ / ኣጥፍእ

باز / بسته
....
ክፉት / ዕጹው

آهسته / بلند
....
ህዱእ / ዓው

ثروتمند / فقیر
....
ሃብታም / ድኻ

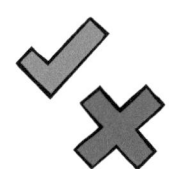

درست / غلط
....
ቅኑዕ / ግጉይ

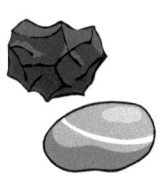

زبر / صاف
....
ሓርፋፍ / ልሙጽ

غمگین / خوشحال
....
ጉሁይ / ሕጉስ

کوتاه / بلند
....
ሓጺር / ነዊሕ

کند / تند
....
ቀስ / ቅልጡፍ

تر / خشک
....
ጥሉል / ንቑጽ

گرم / خنک
....
ምዉቕ / ዝሑል

جنگ / صلح
....
ውግእ / ሰላም

ቁጽርታት

0

صفر

ዜሮ

1

یک

ሓደ

2

دو

ክልተ

3

سه

ሰለስተ

4

چهار

ኣርባዕተ

5

پنج

ሓሙሽተ

6

شش

ሽዱሽተ

7

هفت

ሸውዓተ

8

هشت

ሸሞንተ

9

نه

ትሽዓተ

10

دَه

ዓሰርተ

11

یازده

ዓሰርተ ሓደ

12	**13**	**14**
دوازده	سیزده	چهارده
ዓሰርተ ክልተ	ዓሰርተ ሰለስተ	ዓሰርተ ኣርባዕተ

15	**16**	**17**
پانزده	شانزده	هفده
ዓሰርተ ሓሙሽተ	ዓሰርተ ሽዱሽተ	ዓሰርተ ሸውዓተ

18	**19**	**20**
هجده	نوزده	بیست
ዓሰርተ ሸሞንተ	ዓሰርተ ትሽዓተ	ዕስራ

100	**1.000**	**1.000.000**
صد	هزار	میلیون
ሚእቲ	ሽሕ	ሚልዮን

انگلیسی

እንግሊዝኛ

انگلیسی آمریکایی

ኣመሪካዊ እንግሊዛዊ

چینی ماندارین

ቻይናዊ ማንዳሪን

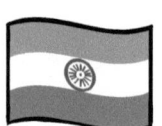

هندی

ሂንዳዊ

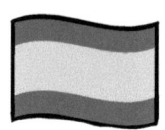

اسپانیایی

እስጳኛዊ

فرانسوی

ፈረንሳዊ

عربی

ዓረባዊ

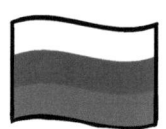

روسی

ሩሲያዊ

پرتغالی

ፖርቱጋላዊ

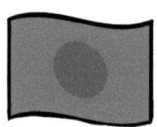

بنگالی

በንጋሊ

آلمانی

ጀርመናዊ

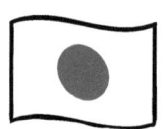

ژاپنی

ጃፓናዊ

چه کسی / چه چیزی / چگونه

መን / እንታይ / ከመይ

من

ኣነ

تو

ንስኻ/ኺ

او

ንሱ / ንሳ / ንሱ

ما

ንሕና

شما

ንስኻ

آنها

ንሳቶም

چه کسی؟ کی؟

መን?

چی؟

እንታይ?

چگونه؟

ከመይ?

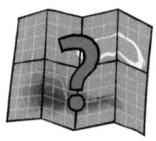

کجا؟

ኣበይ?

کِی؟

መዓስ?

HELLO, I AM

نام

ሽም

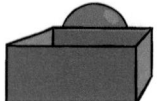

کجا

ኣበይ

پشت

ድሕሪ

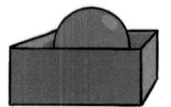

توی

ኣብ

جلو

ኣብ ቅድሚ

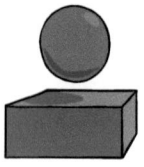

بالای

ኣብ ላዕሊ

روی

ኣብ ልዕሊ

زیر

ትሕቲ ምድሪ

مجاور

ኣብ ጥቓ

بین

ኣብ መንጎ

مکان

ቦታ